더 작아진 내일

김정자: 제주시 삼도동에서 출생, 1996년 〈문예사조〉로 등단, 시집『흐르는 구름이 머무는 자리(1998)』,『풍차 마을에서(2000)』,『신호등도 집이 그립다(2004)』,『밤마다 이름표를 낚는다(2008)』,『시간을 밀고 간다(2014)』, 수필집『나이 들면서 보이는 것들』(2017), 제주문인협회 감사, 국제 PEN 한국본부 제주지역위원회 회장 역임, 현재 국제 PEN 한국본부 제주지역 회원, 제주문인협회 회원.

picnic7979@hanmail.net

다층현대시인선 170

더 작아진 내일

발행일 2021년 8월 30일
지은이 김정자
펴낸이 김동진
펴낸곳 도서출판 다층
등록번호 제27호
주소 (63211)제주특별자치도 제주시 오복5길 10, 1층
전화 (064)757-2265/FAX(064)725-2265
E-mail dc2121@empas.com

ISBN 978-89-5744-103-9 03810

값 10,000원

다층현대시인선 170

김정자 시집

더 작아진 내일

다층

* 페이지 시작과 끝부분에 〉표시는 연을 구분하는 표시입니다.

시인의 말

삶은 앞으로 가지만
마음은 점점 뒤로 간다

아니, 앞이라든가 뒤라든가 하는 것이
과연 있기나 할까
갈수록 알 수 없는 게
삶이다
항상 먼 곳을 꿈꾸었다고
생각했는데
가까이 있는 사람들에게서
더 작은 내일을 본다

이 땅에 처음 온 아이처럼
오늘도 낯설다

나는 내가 그립다

김정자

차례

제2부

제3부

제4부

해설

제1부

제주 해녀

열 길 물속 바다에 뜬 섬처럼
가장 춥고 외로운 날
뭍으로 일어서는 바다마을의 주인
제주 해녀여!

생과 사를 넘나드는 날렵한 존재로
키보다 무거운 등짐을 지고
해안도로 따라 바다를 옆구리에 끼고 간다

자식 많이 낳은 죄밖에 없는데
뇌선으로 배 채워도 눈 하나 꿈적 않고
은물결 출렁이듯 가슴에 와 박히는
애달픈 숨비소리

늦가을 비 내리고

언젠가는 낙엽처럼
바람에 떠돌겠지

갈 길을 찾지 못하고
비에 젖어 무거운 몸
험한 행로 헤매겠지

언젠가는 우리도
황혼 무렵 낙엽 되어
외로운 영혼으로 울먹이겠지

영원할 것만 같더니
공중누각이네

기죽어 세월 영접 못 해도
늦가을 비 또 내리네

옛집 동네

가을이 오면
울타리마다 빨갛게 익은 감
동화 같던 옛집 동네

지금은 길만 휘영청 넓어지고
빌딩 그늘을 서성이다 보면
내 손 잡고 놓지 않는 철없는 소녀 시절

관덕정 언저리 대지다방
모여있거나, 혼자여도 즐거웠던
人 문학동인만의 푸른 오아시스

강산 수없이 변하는 동안
인적 끊긴
마음의 쉼터

센 머리 바람에 나부끼며
토종감나무 그늘 짙은 거리를
쓸쓸히 걷는다

월정리 바다

월정리 바다를 만나러 갔다
삼색으로 물든 바닷물

우울의 뭉치들이 날 밀어내며
파도에 하얗게 부서지더니
물마루에 드러눕는다

물결에 쓸려가는
무수한 발자국들

우울, 안녕이라고 쓴다

무적이 운다

안개가 섬에 갇혀 출렁인다

가까운 곳도 먼 곳처럼
보일 듯 말 듯

감각이 낯설 땐 눈을 감는다

가슴 두드리는
물소리
울음소리

내 안에 움츠려 있는 것들
아옹다옹하는 삶의 매듭들

참방참방 아득해진다
무적, 그 긴 꼬리에 매달려
씻겨나간다
말갛게

닮아간다

질곡의 세월
살림살이가 서툴고 눈물은 헤프고
잘하려고 애쓸수록 눈치 보던 여자

밖에서는 호인인 남편
집에서는 조그만 허물에도 질문을 많이 해서
가끔 통쾌한 일탈을 상상하게 하던 남자

세월이 흘러
눈빛만 봐도 울고 웃는
밉다가도 애틋해지는 아이러니

이런저런 이유로 많이 닮아져
먼 길 동행하며
서로 걱정되는 사람

작은 언니

허리 굽은 작은 언니
아이처럼 작아 보여
추억이 아픈 듯
아파트 작은 창가에서
오늘도 그리움을 그리고 있다

허리 굽혀 눈 맞추면
뼈마디 스친 생채기에
내 젖은 눈이
아주 잠깐 멎는다

내 고향 가을은

내 고향 가을은
아늑한 바다
물결 출렁이는
수평선 너머에서 찾아온다

기나긴 세월 속에서
아쉬움 없이 밀려나갔던
밀물과 썰물의
슬픈 이야기

총소리에 놀란 오름
몰래 눈물만 닦다
허기져 배고파
몸져누운 가을

끌려 나간 이장님은
소식이 없고
물질 떠난 아내는
돌아오지 않아도

〈

다시 돌아온 가을은
산발치 마을의 전설로 피어나
마을 어귀마다
억새꽃 물결로 뒤덮였다

횡단보도

마음만 급한 지팡이 걸음이
횡단보도를 짚는다
삭정이 으스러지는 무릎 통증은
껌벅이는 신호등에 그저 미안해 한다
고개 숙인 채 삶을 짊어진 오리걸음
떠나버린 젊음이 서러운 듯
울분에도 길들여진
우리 큰 언니
거부할 수 없는 내일에
신호등 보며 잘도 인사한다

폭설 내리고

눈 내리면
기억 저편 추억들 떠오르고

날아올 새 한 마리 없는데
나뭇가지마다 눈은 쌓이고

안부들 찻잔에 고여
철없는 불덩이 달래고

눈보라 치던 삶의 둔덕에
한때 흐리고 또 비 오고

더 작아진 내일

삶은 소풍 같아
각본이 없었지
연습도 없는 이별을
마중하고 배웅하며

밤새 안녕
예고 없는 내일을 기약하지
어제보다 조금 더 작아진 내일을
마중하지

먼 곳

또
지인이 떠났다

가슴에 휑한 바람이 인다
못다 한 꿈이 향으로 피어오른다

자고 나면 늘어가는 부고
먼 곳이 가까워지는 느낌이다

돌아오지 않는 안부를 전하며
한동안 쓸쓸할 것 같다

소멸

__인도에서

바라나시 갠지스강가에서
소떼와 소똥과 소의 오줌 위를 걷다가
화장(火葬)하는 안경 낀 남자의 왼발을 봤지

그의 재가 갠지스강에 뿌려질 때
끼고 있던 안경도 함께 갔을까

하염없는 윤회의 강, 그 소멸을 위한 절망의 축제

나는 작은 배를 타고 촛불을 강물에 띄웠지
굽이 돌아가는 항하, 절름절름
강을 따라가는 비포장도로를 오래 바라보았지

어머니가 생선국을 끓이셨다

내 국사발에는
비워지지 않는 생선 토막이
눈물처럼 고여 있다

삼켜지지 않는 생선국물

늘 국물만 드셨던
나의 어머니
오늘따라 생선 가시가
목을 찌른다

코로나19 주의보

내가 태어나서 처음 만나는
복면 세상이다

마스크 사이로 힐끗힐끗
긴가민가하여 웃으려다 아닌 것 같은

덤으로 온 세월이면 좋겠다

살다 보니

떨구고 온
젊음의 향기는 어디로 갔을까
구름을 쫓듯 둥둥거리다
시간의 잔액만 비어간다

삶의 인연 속에 조우했던 눈길들
소소한 일상을 그립게 하는
코로나19의 역풍
그 끝이 어딜까

제2부

레테의 강

여기저기 삭신이 아프다
며칠 묵고 갈 것 같다

순풍과 역풍이 교차하는
세월의 강

자다가 뒤척이며
그 강을 생각한다

어미는

출산한 어미의 젖은 눈빛은
온 세상을 품은 보석이었지

한평생 품었다 놓으면서
둥지마다 그만그만한 추억으로
갈증을 해소하는 어미

지난한 세월 돌아보니
그땐 왜 그랬을까

말의 뼈들이 상처로 아물거나 덧나
말의 뼈에 다친 상처가 덧나
아주 가끔씩 가슴 저린다

수술실 옆 회복실

전광판에선
환자의 숨소리가 들리지
길어진 목을 추스르며
긴 시간
간호사 눈치만 보며 좌불안석

순서도 없이 외는 간절한 기도
손끝이 파르르 떨리지
귓가에 리모컨을 켜자 보호자를 부르는
따뜻한 목소리

큰 산 같던 남편이 회복실에
아이처럼 평화스럽게 누워 있다

선명해지는 외로움

__큰올케 떠나시고

천리만리 하늘길로
바람 가고 구름도 흘러가고
섣달그믐 깊은 밤
병고에 시달리던
큰올케도 따라갔지

바람 오고 다시 구름 날고
큰올케 하늘길 잘 모르는 게 분명하다고
저무는 창가에 하염없이 앉아있는
아흔두 살 오라버니
간간이 어깨 들썩이신다

지금까지도

바람이 불어도
어머니가 두고 간 둥지는
좀처럼 증발되지 않은 채로
젖어 있다

구름과 바람 사이
빗방울이 튕겨 나온다

어머니 나이보다
더 많아진
내 얼굴 위로
바다 같던 어머니의 눈물이
젖고 있다

요즘 나는

_코로나19

소소한 일상이 그립다
바이러스에 조종당하는 나날

갈증이 목에 걸린 채
긴 터널을 걷는 느낌이다

문 닫은 거리를 지나자
찻잔에 떠오르는 친구들
잃어버린 웃음소리

브로콜리 할머니

할머니, 자?
응
대답은 어떻게 해?
노래나 불러봐

얼어붙은 달 그림자
한겨울에~ 부분에선 이중창이다
까르르 웃으며 노래하는 손녀는 내게
브로콜리 머리라고 놀려대다가
저 먼저 잔다

코로나19로 더 힘들어진 이별

__조정위원 사무실에서

지방법원 면접교섭실 3층 복도에
만남을 갈구하는 사람과
만남을 두려워하는 사람들이
그리움을 운명처럼 목축이고 있다
엄마를 부르며 울먹이는 일곱 살 아이와
철없이 웃고 있는 다섯 살 아이
내 눈 속으로 통증이 들어온다
조정위원 사무실 건너편 아이의 울음소리
내 마음속을 돌아다닌다
산 너머 산, 그 곡예의 길에
종일 비는 내리고

지금은 두 사람

날이 저물어간다
줄곧 걸어와 닳은 구두 굽 사이로
늙은 등과 주름진 얼굴 보인다

바쁜 바람을 등에 지고 걸어왔던 발소리
그 발소리에 남편의 기분이 들어있다

다름을 인정하려고
얼마나 바둥거렸을까

재촉하던 미련들이 저만큼 남은 길에
인과를 지우며 함께 가고 있다

별무리

구름 사이
나타났다 사라지는 섬 하나
그 섬에 계신 그리운 어머니

무슨 하실 말씀 있으신지
깜박깜박
밤하늘을 수놓는다

구멍가게

어머니 어머니
저거 ᄒᆞ나만 사줍써
무싱거 말고
저디 이신 바둑껌 마씀
아이고, 저거 귀신 붙었져
먹으민 큰일나켜
ᄒᆞᆫ저글라 ᄒᆞᆫ져글라
틈내왕 보난 눈물 남쪄
사주지 못헌 우리 어멍 ᄆᆞ심
잘도 을큰해시켜

손주와 나 사이

잠든 손주의 쌔근거리는 숨소리에
평화로운 이 섣녘

나보다 훌쩍 자란 손주의 키 위에
소원 하나 더 얹어본다

영원히 옮겨가는 다리 하나
손주와 나 사이에 놓았으면

길을 묻다

고만고만한 사연들로, 삶은
분주히 걸어가다가 넘어지거나 수없이
길을 놓치기도 하고 길에서 헤매다가
갈림길에서야 구름에게 묻기도 한다

어디까지 온 것일까

손주 태어난 날

첫 만남에
감전되는 사랑이 있다

눈 한번 맞춘 적 없었어도
이미 알아본 듯
붉은 살갗으로 울음을 터뜨린다

미완성인 내가
감히 품고 있다

서로 주름진 얼굴을 훔쳐보다

오존주의보가 경고한 동창 모임 날
오래된 앨범에 지나가는 얼굴과
멈추는 얼굴들이 수다를 떤다
찻잔에 가득 찬 수다는 식지 않고
높낮이를 따지지 않는 엉킨 사연들
말의 뼈들이 씨앗으로 날아가지 않기를

다시 본 얼굴들

__제현회 회원들 나들이 가다

가을볕 좋은 날
진주역에서 만나 함박웃음 나누던 재경회원들
갖은 질병 속에서도 우정의 보따리는 잘도 풀리더라
검버섯 핀 얼굴에 겹겹이 쌓인
외로움과 애틋함이 담긴 채 사흘 동안
가슴에 피어나는 상사화는
목이 마르지도 않았지
이야기보따리 채 풀리기도 전에 송정리역에서
팔순이 온다며 작별하는 먹먹한 눈망울들
비행기는 어둠 속을 날고 나는
북쪽 하늘가에 두고 온 듯한
제현회원 얼굴들 하나하나에
재회의 간절함을 그리며
쓸쓸한 남편 얼굴을 올려다보았지

제3부

4월 전농로의 밤

피다 지친 연분홍 꽃잎이
휘날리네요
뜨거운 한숨 내쉬는 뭇별들이
달빛에 젖어드네요
가슴 아픈 별들의 청춘은
구름으로 눈물비로 쏟아져 내렸을까요

목멘 벚꽃 한 송이
전농로를 서성거려요
지난한 4월의 역사가
지금도 서러운 여정이에요

신호등

끊임없이 바뀌는 불빛

어떤 이는 파란색이고
어떤 이는 빨간색인가

소음으로 가득한 生
순간순간 바뀌는 거리

미로에 지친 눈빛들
그을린 듯 간절하다

그땐 왜 그랬을까

잔소리가 도돌이표를 그리듯
음표에 이름을 붙이며
새싹을 흔들었지
여린 잎을 품고 자란 나무는
거목이 되었어도 나목이 된 듯
춥다고 한다

돌아갈 수도 없는 내 안의 내가
지나온 길을
가다 멈추고 가다 멈추고

천백고지의 가을

대답 없는 이름에
목이 쉰다

세월 채우는
단풍잎마다
숨어 우는 하늘

높고 파란 하늘에
불길 치솟듯
토해내고 토해내어도
아픈 숨결은 위선일 뿐

손가락 마디마다
낙엽이 묻어
시린 기억 사르느라
온 산이 타오른다

그리움 · 17

자꾸만 뒤돌아보는
돌아오지 않을 시간들
반추하는 질긴 미련 하나

어머니 메마른 가슴
적시지 못한 눈물 한 방울

제석사에서

__큰올케 사십구재

선달그믐
뎅그렁 뎅그렁
떠난 님 닮은
풍경소리

운다 운다
울고 있다

조바심의 연속이었던 영가의 심장소리가
추억 속에 인화되면서 사라진다
이별 잠긴 긴 하루다

손녀의 작은 호수

꽃보다 더 고운
미소를 머금은 두 눈망울
그 작은 호수에
두 노인이 산다

나날이 새로워지는 잔물결
보고만 있어도
잠든 감성을 흔들어
젊음이 되살아나는 호수

욕심도 없고 근심도 없는
스스로 위해서만
울거나 웃거나
파문이 깔깔거리며 일다가
평온이 덮이고
살짝 윙크를 하면
그 맑은 호수에 빠져드는
노인의 왁자한 웃음소리

소유가 구속 같다
__민사 조정 마지막 날

눈물이 담긴 사연의 밥그릇과
목청 큰 밥그릇이 한자리에 모여
채워지지 않는 허기를 다툰다
순간순간 누구도 통제할 수 없는 의지에
조정이란 다리를 놓고 건너간다
산을 넘나들 듯 눈치 보며
가슴의 불덩이들을 달래는 일

많은 인생을 산 듯하다

가장이라는 삶의 무게

눈빛만 봐도 하루 일정이 그려진다
자장가 소리인 양 TV 켜놓고
소파에서 잠든 남편의 얼굴에는
노년의 향기 가득하다
추위를 타는 건지 어깨를 움츠린다
철없거나 덤벙대는 아내와의 긴 여정
또 하루가 간다
어느 날엔가, 잠 못 드는 이별이 오면
미안해할 거 같다

노인이 된다는 건
애잔하고 쓸쓸한 일이다

부끄러운 기도

삶이 힘들거나 불안해지면
자신을 위해 기도하고
기도하면서 위로 받는다

슬며시 운을 믿기도 하고
소원을 갈구하다가 질긴 미련에
슬몃 헛웃음 흘린다

불안으로 칭얼대듯
서툰 기도 소리
가끔, 부끄러워진다

고맙다

또 거북목이라고
어깨 뒤로 젖히고
걸을 때는 엉덩이에 힘주라고
움츠러드는 내 걸음을 아파하는 딸

머리카락 희어가고
오감마저 무뎌가는
어미의 내력을 아는 듯
세월을 미는 바람 같아
그저 고맙다

한 말씀만

꿈속 마을에서 오셨는가
웃는 듯 우는 듯
가늠할 수 없더니
어머니, 말씀 없으시네

빛을 잃은 새벽
여명의 하늘 사이로
새 한 마리 맴돌다
날아가네

분리수거

어제가 화요일 같고
오늘이 화요일인 것도 같고
낙서한 종이 모아 묶는다

때 묻은 낙서 버리는 일
참 어렵다
추억이 떠나가는 듯하여

병원에서

세월 깊을수록
병치레는 습관처럼 온다
내 몸 들추는 일
민망하고 기죽어
마음만 붉어진다

일기예보

어제는 맑음
날 듯하더니
비가 오려나
삭신이 나에게
먼저 묻는다

도두봉

__제주섬의 첫머리

해원 품은 도두봉 정상에 오르면
운무 품은 한라산과
드림타워 빌딩과
작아진 내 위로 날아가는 비행기와
푸른 바다의 해조음과
연초록의 나무숲과
둘레길 걸어가는 연인들의 소곤거림
풀잎 소리마다 새로운 축복으로
봄빛이 가슴에
넘실넘실 넘쳐온다

살아 있는 동안

어미들은 누구나
자식들 앞에서
종이 아니면서
종이 되어
울릴 수 없는
울리지 않는
종 하나 품고 산다
살아 있는 동안

제4부

자화상

언뜻 거울에 비친
남편의 은빛물결에
일렁이는 허상들
짠하다
내 얼굴인 줄도 모르고

경로석

서서 시달릴 바엔
노인 우대석에
과감히 앉는다
문득, 부끄러운 생각
양보한 아이 얼굴이
자꾸 나를 보는 듯

행복한 착각

헬스장에서 운동하는데
오늘도 노인은 없고
젊은이들만 땀 찬 숨소리로
붉다
그중에 나도

수영장에서

물 위에 누워
둥둥 떠오르면
세상 부러울 것 하나 없다
찰랑대던 어머니 양수 속
열 달을 동거하던
그 따뜻한 우주
그리워도 가는 길을 모르는
수영장

요양병원에서

표정이 똑같은 아이 같은 노인들이
같은 옷을 입고
습관처럼 음식을 먹는다

세상 이야기에도 무표정한 채
길게 누워 웃다가 울다가
창밖을 멍하니 바라본다

누구도 기다리지 않는
오래된 집
엄마를 기다리던 엄마가 누워 있다

다시 올 봄을

작은 공원에 늦가을 낙엽이
바람이 불면 낮추어 멈춰서거나
웅크려 앉아 내일이라는 희망을
기다리고 있다
누구에게도 의존하지 않고
떨어지다가 바람을 타며
고공비행한다
또다시 만나게 될
낯선 시간들을 생각하듯

별 하나
__제주 PEN 회원들과 중국연변문학교류에서

연변에서 민족시인 윤동주의 묘 앞에 앉아 소주 한잔 올리는데 풀잎 사이로 반짝이는 별들이 적막 속에서 수런거린다

형무소 들창을 기웃거리던 별이 심장 터질 듯 아팠다는 이야기며, 살지도 죽지도 못한 원혼이 별이 되어 하늘을 이고 살았다는

오래전 떠났어도 하늘과 바람과 별들의 시가 순명으로 빛나는 이유, 그 뜨거운 감성 온도가 전율한다

전학 온 아이

육짓아이 전학온 날
잘도 조미져라
서늉 데가리가 질멍 납작허곡
제주말 알아듣지 못허영
곳쪄사렌 허여도 고마니 이선
누게가 홋썰 거르밀려브난
푸더전 우는디 불쌍 허영게
경허믄 안되커라라
육짓아이도 소랑해줘사주게

권 시인 귀천(歸天)하다

__제주 PEN 회원들과 중국연변문학교류에서

백두산 천지를 만난다는 설렘으로
잠을 설친 이른 새벽
이방인들 긴 행렬에 몇 시간을 기다렸지
천지를 만나는 순간
안개가 흐느적거리며 달려오더니
천지 그 푸른 물결을 삼켜버렸지
비친 듯 사라진 아쉬움에 환호도 없이
빈손으로 하산하는 일행들 뒤로
천지는 침묵만 하더라
절룩거리는 걸음으로 완주했던
권재효 시인은
두 달 후 황급히 귀천하셨다
윤동주 생가에서 시집 다섯 권 샀다며
해맑게 웃던 권 시인
침묵조차 나누지 못한 쓸쓸함이
천지에 비친 듯 사라진다

편의점

문밖을 나서면 여기저기
낮도 아니고 밤도 아닌 곳
허기진 마음을 채우고
배를 채우고
긴장 속에서 쉴 수 있는
삶의 정거장

광고 소리 요란해도
누군가는 문자를 보내고
누군가는 카톡 보며 킥킥거리다가
총총 사라지는
낯설거나 익숙한 곳

그리움 · 15

__두바이에서

그리움은
사하라 사막
끝없이 지우고
지우고 지워지다가
알갱이 하나
가슴에 박힌다

책 속에서 여행을

__기적의 도서관

노인은 세월이지만
어른은 살아 있는 책이다
바람이 행간을 기웃거리다
책장을 넘기고 있다

숨소리조차 푸르게 꿈틀거리는
작은 도서관
세상은 아이들의 꿈이고
어른들의 희망도 아이들이다

거울이 되는 어른들이
거울이 필요한 아이들과
세계여행을 떠나고 있다

구름꽃

__제주 PEN 회원들과 중국연변문학교류에서

구름이 산허리를 껴안고
강물처럼 흘러간다
시인 윤동주 생가 가는 길
닿을 수 없는 구름이 흐드러진 들꽃 같다
이름 모를 꽃향기가 높거나 더 낮게
스며들다 사라진다
서시를 들으며 유랑하는 길
고단한 삶이 피어오른다

유수(流水)

노인의 예고 없는 자유
세월 유수 같은데
하루는 길다

날이 가면 갈수록
죄인 될까
불안을 들추게 하는

늦가을 거리를 배회하다

퇴행성관절염이
덤벙대는 날
아무렇지 않은 척 걷는데
진하게 번져 나오는
왼쪽 무릎 통증
넋두리 같다

오일장 · 3
__할망장터에서

찐 옥수수 향이 수다에 잠기고
빙떡이 줄서기를 한다
할망장터엔 주름 한 단씩 풀어헤친
햇잎들이 자지러지게 웃더니
시들지 않으려고 분무기로 샤워를 한다

눈빛만 봐도 덤을 줄 것인지
덤인 듯 덤이 아닌 마음들을
알 듯한 할망장터

발품으로 뛴 세월의 윤기
무릎을 펼 때마다 불안한 소리에도
환하게 틀니 사이로
웃는다

간이역

어둠이 오기 전에
집으로 돌아가자
돌아갈 집이 있다는
이 저녁

먼 길 가는
간이역에
이름 하나 하나 새기는데
마음이 먼저
웃는 듯
우는 듯
하여

다 잊고 떠나자 한다

해설

| 해설 |

서정, 그 영원한 자기회귀의 곡선

윤은경(시인)

1.

『더 작아진 내일』은 김정자 시인의 여섯 번째 시집이다. 시력 20년을 훨씬 넘긴 시인의 이번 시집에서 도드라지는 것은 시간의 발효와 숙성을 통해 근원으로 회귀하고자 하는 시적 주체의 존재론적 탐구의 도정이다. 존재론적 시편들이 대개 그러하듯 김정자 시인 역시 시적 대상을 하나의 공간적 구도 속에서 형상적으로 파악하는 태도를 견지하면서 '지금 여기와 저 너머, 현실과 이데아, 세속적 가치와 초월적 가치' 등의 이항적 대립항을 변증법적으로 통합하여 내면화하는 시적 사유를 보여준다. 그의 시편들은 일상적 삶의 요소들을 끊임없이 비일상성으로 환치시키면서 삶의 국면에 긴밀하게 착색된 정서를 통해 생의 대긍정에 이르는 융합과 통합의 세계관을 보여준다. 그의 시편들은 크게 보아 두 개의 길을 보여준다. 하나는 '죽음의 선구'를 통해 인간이

'시간성의 존재'라는 것을 자각하게 되면서 형제자매, 남편, 손주 등 자신을 둘러싼 가족 서사를 중심으로 존재론적 의미를 탐색하는 도정이며, 다른 하나는 이러한 가족 서사를 넘어 자신이 사는 장소로서 제주의 고유한 의미를 발견하고 내면화하는 과정을 형상화하면서 삶의 진실을 발견해 가는 과정이다.

시집 전체를 볼 때, 그의 사유들은 일견 꽤 이질적인 단층을 이루고 있는 듯이 보인다. 그가 그려내는 시의 풍경은 시적 언어의 미학적인 면보다는 일상적 풍경의 배후에 은폐된 삶의 진실을 궁구하는 데 바쳐진다. 이는 세계의 물질성과 감각성보다는 감정을 기탁한 관념과 추상의 세계에서 삶의 근원을 탐색하기 때문으로 보인다. 그러므로 풍경 안에서 풍경의 바깥을 향하거나 풍경을 끌어들여 일상성을 내파하는 때에도 시인은 지독히 상투적인 삶의 풍경을 통해 그 상투성 속에 가려진 존재론적 탐문 쪽으로 기꺼이 시선을 던진다.

한 권의 시집을 읽는 방법에는 여러 가지가 있을 수 있다. 혹자는 시집을 관통하는 시적 인식을, 혹자는 언어미학의 측면을, 혹자는 새로운 실험정신에 방점을 두어 읽을 수 있다. 본 글에서는 김정자 시인의 미학적 상상력이 어떤 세계관 위에서 아름다움을 자아내는가, 혹은 시인은 어떻게 심미적 경험을 하게 되느냐는 시적 사유의 측면에 방점을 두어 살펴보려 한다. 따라서 이 글의 전제는 인간의 삶은 모순적이라는 것을 자각하는 존재론적 차원을 염두에 두면서, 시에 드러난 감정의 사실적 이성적 구조와 이러한 질서를 포착하는 시인의 형상적 직관의 양상을 살펴봄으로써 김정자 시인의 시적 지평을 이해하는 징검돌을 놓고자 한다.

2.

'서정시란 비상한 상태의 정서를 표현'하는 것이라는 정의에는 개인적 정서와 감정을 강조하는 역사적 문예사조인 낭만주의적 인식이 짙게 깔려 있다. 낭만주의적 서정은 주체의 내부를 통해 외부를 보는 것이므로 낭만주의에서 세계와 개인은 형식적으로 대등한 위치를 점한다. 서정은 주체가 사물을 통해 겪는 '순간의 경험'으로부터 세계를 직관해내며 세계에 참여한다. 주체의 시선으로 사물의 고유성을 발견하고 그 응시의 힘으로 자기 삶의 태도와 자세를 성찰하며, 다시 사물에 활력과 생명을 불어넣는 시적 상상의 과정이야말로 서정시의 본래적인 위의(威儀)라 할 수 있을 것이다.

바라나시 갠지스 강가에서
소 떼와 소똥과 소의 오줌 위를 걷다가
화장(火葬)되는 안경 낀 남자의 왼발을 봤지

그의 재가 갠지스강에 뿌려질 때
끼고 있던 안경도 함께 갔을까

하염없는 윤회의 강, 그 소멸을 위한 절망의 축제

나는 작은 배를 타고 촛불을 강물에 띄웠지
굽이 돌아가는 항하, 절름절름
강을 따라가는 비포장도로를 오래 바라보았지
_「소멸」 전문

바라나시에서 시인이 목도한 인간의 삶이란 "소 떼와 소똥과 소의 오줌 위를 걷다가" "화장(火葬)"되어 한 줌 재로 갠지스강에 뿌려지는 소멸의 공허다. 시인은 "언젠가는 우리도/ 황혼 무렵 낙엽 되어/ 외로운 영혼"이 될 것이며, "영원할 것만 같더니/ 공중누각"(「늦가을 비 내리고」)이라는 점을 각성한 자리에서 시간의 위력에 허리가 굽어 키가 작아진 "작은 언니"나 지팡이를 짚고 절룩이며 횡단보도를 건너는 "큰언니", 병을 앓다 끝내 소천한 "큰올케"를 보며 시간 속에서 점점 소멸해가는 인간 존재의 모순을 절감한다. 그리하여 시인은 "또/ 지인이 떠나"갔다는 소식이 오면 "가슴에 휑한 바람"(「먼 곳」)을 느끼며 언젠가는 자신에게도 닥쳐올 필연적인 죽음을 환기한다.

태어나면서부터 이미 죽음을 향해 내던져진 인간의 삶은 매우 모순적이다. 인간은 탄생과 죽음을 통해서 존재 전체의 순환에 편입된다. 죽음 안에서 태어났고 그 안에서 살며 그 안으로 소멸해가는 존재 전체가 자신을 알려오는 통로가 바로 인간이다. 어느 누구도 대체해줄 수 없으며 각자가 홀로 떠맡지 않으면 안 될 죽음은 인간에게 너무도 자명하다고 간주해왔던 삶과 세계의 텅 빔과 허무함에 직면하게 된다. 하이데거에 의하면, 인간만이 죽음을 의식하고 자신의 존재 전체를 문제 삼으며, 자신의 본래적이고 고유한 존재 가능성이 무엇인지 문제 삼을 수 있는 존재다. 시인은 죽음을 선구적으로 경험하면서 감성으로 직박해오는 퓌지스로서의 풍경과 사물에 대해 예민한 촉각을 곤두세운다. 자신을 둘러싼 형제자매의 쇠락과 잇달아 들려오는 지인들의 부고를 접하며 맞닥뜨릴 수밖에 없는 것이 허무와 공허다. 김정자 시인의 작업은 그러한 공허와 슬픔이 극복되지 않으면 안 된다는 전제에서 출발한다.

그가 선택한 방식은 사소한 일상을 그대로 드러내고 속 깊은 관찰을 동반함으로써 역설적으로 죽음을 미리 사는〔生〕 방식으로 전개된다. 그것은 시간에 대한 경험과 기억의 재구성이라는 서정의 원리에 기대어 발효와 숙성을 거친 자기 성찰로 드러난다. 시인은 자신을 둘러싼 풍경과 사물들 속에서 치열한 자기 성찰을 통해 그러한 모순을 넘어 새롭게 삶의 지평을 열어줄 융화의 계기를 발견하고자 하는 것이다.

> 안개가 섬에 갇혀 출렁인다
>
> 가까운 곳도 먼 곳처럼
> 보일 듯 말 듯
>
> 감각이 낯설 땐 눈을 감는다
>
> 가슴 두드리는
> 물소리
> 울음소리
>
> 내 안에 움츠려 있는 것들
> 아웅다웅하는 삶의 매듭들
>
> 참방참방 아득해진다
> 무적, 그 긴 꼬리에 매달려
> 씻겨나간다

말갛게
_「무적이 운다」 전문

이 시편은 갇힘과 풀림의 일상적 삶에서 리듬 속에 기인했을 매듭들을 풀어내는 과정을 잘 드러내고 있다. 안개에 갇히고 풀리는 과정에는 일상적 친숙함을 낯설게 하여 사물을 고요히 관조하고 느끼는 행위가 있다. "감각이 낯설 때" "눈을 감는 행위"는 일상에 갇혀 드러나지 않은 사물의 울림에 고요히 귀를 기울이는 행위이다. 시인은 내면의 "아웅다웅하는" 삶의 세목들에 고요히 귀를 기울임으로써 "매듭들"을 관조할 수 있는 거리를 확보한다. 그것이 권태이든 회한이든 친숙하던 일상을 "먼 곳"처럼 거리를 두게 될 때, 비로소 멀리까지 울려 퍼지는 무적의 긴 꼬리를 잡아 길을 찾듯 삶의 짙은 안개를 벗어나 맑아질 수 있게 된다.

자신의 마음이나 언행을 반성하며 깊이 생각한다는 의미인 성찰이란 자신의 민낯을 직시하는 데서 출발한다. 그것은 끊임없이 행하는 자기 감시와 관련된다. 시인은 자신을 둘러싼 지극히 개인적 차원의 일상성의 반경 안에서 끊임없이 자신의 민낯을 들여다본다. 가령, "여기저기 삭신이 아프다/ 며칠 묵고 갈 것 같다"(「레테의 강」)는 데서 자신의 쇠락해가는 몸을 들여다보며 몸의 변화를 통해 생의 종국을 실감한다든지, 은빛 머리칼 남편의 모습에서 자신의 얼굴을 겹쳐 보는 데서는 이미 "젊음의 향기"는 지워지고 "내 몸 들추는 일"만 남아 "민망하고 기죽어/ 마음만 붉어"지는 나이를 절감한다. 세월의 위력 앞에 속절없이 쇠락해가는 몸과 마음은 삶과 인간의 모순성 앞에 시인을 겸허하게 세워둔다.

주목할 것은 안개와 무적(霧笛)의 메타포이다. 짙은 안개가 아니었다면 무적은 울리지 않았을 것이며, 무적이 울리지 않았더라면 고요히 사물과 풍경의 고유한 소리를 관조하는 명상 따위는 필요치 않았을 것이다. 마치 아웅다웅하는 삶의 매듭이 없었더라면 시인이 내면에 귀 기울일 까닭이 없는 것과 마찬가지이다. 비본래적 실존인 아웅다웅하는 삶의 매듭들은 역설적으로 본래적 실존으로 삶의 지평을 열어갈 역설적 상황을 만드는 셈이다. 이와 같은 역설적 상황은 한 걸음 더 나아가 시인의 존재론적 성찰로 이어진다.

인간은 수없이 많은 모순 속에 산다. 인간은 나와 너, 주체와 객체, 인간과 세계, 감정과 이성 사이에서 매순간 흔들리면서 살아간다. 인간은 고통과 불안 없이 살기 바라지만 삶에서 결코 이 비극적 모순을 피할 수는 없다. 이러한 인간 삶의 모순성에 대한 인식행위도 다르지 않다. 사람이 세계에 살고 세계를 안다는 것 역시도 모순 속의 인간 행위인 까닭이다. 사물을 접한다는 것은 세계의 낯섦을 경험한다는 것이다. 시인은 참으로 세계를 알고 참으로 세계를 살아내기 위해 풍경과 '사물의 형상적 질서'를 직관함으로써 느낌과 경험 너머의 더 넓은 지평으로 융화해 나아갈 깨달음을 얻는다. 이 낯섦과의 조우야말로 존재의 지평이 열리는 '순간의 계기'가 될 수 있다.

월정리 바다를 만나러 갔다

삼색으로 물든 바닷물

우울의 뭉치들이 날 밀어내며
파도에 하얗게 부서지더니
물마루에 드러눕는다

물결에 쓸려가는
무수한 발자국들

우울, 안녕이라고 쓴다
_「월정리 바다」 전문

이 시편에는 하나의 공간적 구도 안에서 수직적 강하와 수평적 확대가 통합적으로 어우러지는 가운데 존재의 현현을 실감하는 시인의 사유가 잘 드러나 있다. 하나의 공간적 구도 안에서 사물을 바라보는 것, 세상의 그 많은 바다 가운데 제주의 '월정리'라는 고유한 장소로서의 바다는 천상(하늘)과 지상(바다)의 색채가 절묘하게 물드는 순간 시인과 만난다. 여기에 시인의 일상성에서 기인한 '우울'의 정서가 '삼색'의 바다와 합쳐지고 하얗게 부서져 포말이 되는 순간, 시인은 불현듯 우울의 정서가 말갛게 '정화'되는 시적 고양의 순간을 맞는다. 다시 말해, 천상에서 내려온 빛과 바다의 푸른빛으로 물든 물이 거대한 힘으로 밀려왔다가 포말로 부서져 다시 제 근원인 거대한 물로 돌아가는 지상의 움직임은 시적 주체를 무겁게 압도하는 일상적인 우울이 하얗게 포말화하는 것과 겹친다. 이에 따라 주체의 내면은 우울을 말끔히 걷어내고 근원적인 순수한 생기로서의 본질인 퓌지스로 되돌아가는 것이다.

시적 주체의 삶이 영위되는 제주라는 고유의 공간이 지닌 바다의 빛깔, 밀려오고 밀려가는 물의 반복적이고 순환적인 일상적 움직임은 주체에게 '전체에서 개인으로', '개인에서 전체로' 되돌아가는 우주적 리듬을 보여준다. 이 우주적 리듬 속에서 시적 주체는 모순된 삶의 한계를 넘어 더 넓은 지평으로 나아갈 힘을 얻는다. 즉 시적 주체는 친숙함 속에서 '경이'라는 놀라운 낯섦과의 조우를 통해 우울한 일상이 '의미로 충만'되는 생기의 계기를 맞게 되는 것이다. 이러한 맥락에서 시인의 형상적 직관은 인간의 삶은 매우 모순적이지만, 역설적으로 그러한 모순이 없다면 고유한 의미를 가진 존재로서 충만한 현존재를 각성하는 계기도 있을 수 없음을 잘 보여주고 있다.

3.

서정시에서 가장 중요한 것을 꼽는다면, 시의 원천이 결핍을 견디는 견인의 미학에서 우러나온다는 것이다. 마땅히 있어야 할 것의 부재야말로 서정시가 시작되는 원점이다. 마땅히 있어야 할 자리의 공백을 채우는 시적 상상력이야말로 새로운 현실을 구성하는 실재다. 블랑쇼에 따르면 이미지는 그 자체로 전통 형이상학에서 보았을 때 실체성을 지닐 수 없는 무(無)에 불과하지만, 바로 그 무 속에서 사물은 존재가 드러난다. "아무것도 없을 때 그때가 바로 이미지가 그의 조건을 발견하는 곳"이다. 사물은 이미지로 흩어지지만, 그 1

흩어짐 속에서 지속되고 사물의 부재를 현존으로 이끌어낸다. 사물은 현존과 부재의 상호 연관성 속에서 존재의 지속감을 이끌어가면서 실제보다 이미지가 존재의 실체를 완성시킨다는 사실이다.

김정자 시인의 시편들은 자신의 내부를 통해 외부를 바라보는 낭만주의적 시관을 견지한다. 그의 내부의 결여 혹은 결핍에 대한 미적 상상력은 인간성의 오리지날리티로서의 개인적인 차원의 향수가 대부분을 차지한다. 그의 시 대부분은 존재 자체의 근저로서 근원에 가까운 곳에 대한 그리움의 시편들이 주류를 이루고 있다. 즉 시인이 나고 자란 '제주'라는 고유한 장소성 등이 시세계 전반을 포괄하는 모티프로서 작동하고 있다. 이러한 시적 경향은 까마득한 유년 시절의 경험이 동반된 어머니에 대한 아련한 그리움의 시편에서 두드러진다.

내 국사발에는
비워지지 않는 생선 토막이
눈물처럼 고여 있다

삼켜지지 않는 생선 국물

늘 국물만 드셨던
나의 어머니
오늘따라 생선 가시가
목을 찌른다
_「어머니가 생선국을 끓이셨다」 전문

이미 오래전 유명을 달리했을 어머니에 대한 그리움은 한 그릇의 생선국을 대할 때 증폭된다. 세상 대부분의 어머니가 그러했듯이, 어린 시절 시인의 어머니는 생선 토막을 넣어 국을 끓이시고는 자식을 위해 생선이 아닌 국물만 드신 듯하다. 오랜 시간이 지나도 "좀처럼 증발되지 않은 채로"(「지금까지도」) 젖어 있는 어머니에 대한 그리움과 기억은 어둔 밤하늘이거나 수영장이거나 시인의 일상 도처에 편재해 있다. "별무리 고운 밤/ 구름 사이로 나타났다 사라지는" 별빛처럼 결코 돌아올 수 없는 어머니는 "한 말씀도 없이" 그저 침묵의 깜박임만으로 멀리서 반짝일 뿐이다.

어머니와 관련된 시간의 축적은 시인의 내면의 본향이기도 하다. 이 본향은 시간적 유년이나 공간적 유토피아를 넘어 영원히 훼손되지 않을 정신적 혹은 영적인 궁극의 구경이라 할 수 있을 신성의 영역이다. 시인의 실제 삶에 각인된 것으로서 여지없는 실체들인, 예전에는 존재했지만, 지금은 부재하는 이 신성의 영역은 단지 기억과 결합되어 시적으로 재구성된 인위적 공간을 넘어선다.

> 어머니 어머니
> 저거 ᄒᆞ나만 사줍써
> 무싱거 말고
> 저디 이신 바둑껌 마씀
> 아이고, 저거 귀신 붙었져
> 먹으민 큰일나켜
> ᄒᆞ져글라 ᄒᆞ져글라
> 틈내왕 보난 눈물 남쪄
> 사주지 못헌 우리 어멍 ᄆᆞ심
> 잘도 을큰해시켜
> _「구멍가게」 전문

이 시는 시인의 유년 시절의 경험이 동반된 어머니에 대한 아련한 그리움이 제주 방언으로 쓰여 독특한 시적 정서를 자아낸다. 구멍가게에서 '바둑껌'을 사달라고 떼쓰는 어린 딸과 흔쾌히 사주지 못하고 짐짓 '귀신 붙었다'며 빨리 가자고 어르고 달래던 가난한 어머니를 떠올리며 시인은 지금에 와서야 어머니의 가슴 아픔에 공감하며 눈물을 흘린다. 시인이 구사하는 제주 방언은 몸말의 끈끈함으로 제주 특유의 정서를 형상화할 뿐만 아니라, 그때 어머니의 가슴이 얼마나 아팠을까를 떠올리는 시인의 언어는 구체적인 감각과 어머니에 대한 기억의 아득함을 결속하여 서글픔과 아련한 그리움의 정서를 빚어낸다.

방언은 언중들의 실제 언어생활인 까닭에 삶의 근원이 되는 생생한 언어이자 그 지역의 생생한 공동체적 유대를 드러내는 지표이기도 하다.

육짓아이 전학온 날
잘도 조미져라
서늉 데가리가 질멍 납작허곡
제주말 알아듣지 못허영
곳쪄사렌 허여도 고마니 이선
누게가 홋썰 거르밀려브난
푸더전 우는디 불쌍 허영게
경허믄 안되커라라
육짓아이도 소랑해줘사주게
_「전학 온 아이」 전문

육지 아이가 전학 온 날의 에피소드를 이야기하고 있는 이 시편은 낯선 땅으로 와 낯선 말과 낯선 친구들 사이에서 어쩔 줄 모르는 아이와 그 아이의 곤란한 지경에 연민과 동정의 마음을 내어 친구로 받아들이게 되는 동심이 잘 감각화된 시편이다. 비켜서라는 말을 알아듣지 못하여 누군가 그 아이를 밀어버리자 속절없이 넘어져 우는 낯선 아이를 보며 서로 사랑해줘야 한다는 윤리를 떠올리는 아이다운 천진함과 맑음이 제주 방언으로 더욱 생생한 실감을 자아낸다.

근대 이후 '노스탤지어'는 대부분 따뜻함, 지난 시간, 어린 시절, 동경 등의 의미와 연결되면서 '고향'뿐만 아니라 인간의 보편적인 경험과 감정으로 그 외연을 확장하면서 자아정체성을 확립하는 정서로 간주되었다. 이런 맥락에서 다시 올 수 없는 유년 시절을 회상하면서 느끼는 김정자 시인의 부재하는 것들에 대한 노스탤지어는 무엇인가 크고 거창한 것을 추구한다기보다는 유년의 기억과 경험의 재구성을 통해 '제주'라는 고유한 장소로 확장되면서 정신적 향수 혹은 원시적 향수로서 깊이를 더해가는 존재론적 성찰로 연결된다.

4.

김정자 시인이 끌고 가는 시의 수레는 소박하다. 그의 언어는 화려한 문양의 수사나 사변의 진한 향기로 시선을 끌지도 않는다. 정직한 내면 토로와 소박한 묘사로 엮은 서정을 통해 자기 탐색의 길을 묵묵히 간다. 그의 자기 탐색의 길은 '나'로부터 시작하여 '가족'과 '이웃'을 향해 나아가며, 보편성으로 나아가 공동체의 삶은 어떠해야 하는가를 탐문하는 윤리의 길이다. 속이 훤히 들여다보이는 그의 투명한 전언들은 풍경과 인간과 내면의 유추적 결속을 통해 이미 낡은 것들이나 언제 잃어버렸는지도 모르는 시간을 다시 호명하며 끊임없이 자신의 가슴에 작은 불씨들을 던진다. 그럼으로써 그는 지극히 상투적인 언어로 지극히 범박한 일상에 균열을 내는 그만의 시의 미학을 이끌어낸다.

주체와 대상 사이의 거리와 틈새로부터 고통스러운 반성을 동반하든 자기애적 몰입의 차원이든 근원적인 자기회귀로서의 서정은 일상성의 바깥을 감지하는 시인의 예민한 감각에 기대어 있다. 시적 주체는 이를 통해 인간 존재에 대한 깊은 이해에 도달하게 된다. 이와 같은 인간에 대한 이해의 바탕은 일상성을 안으로부터 내파하면서 궁극의 한 지점으로 귀일하게 하는 '사랑'의 힘에서 비롯된다. 시인의 '사랑'은 사소한 개인적 차원의 '나'로부터 출발하여 가족과 이웃, 마을로 확장되다가 자신의 반경으로 회귀한다. 물론 여기서 회귀는 지극히 개별적인 차원의 자신의 세계를 뛰어넘어 보편적인 인간 이해를 경유한 자기 회귀의 기나긴 도정을 뜻한다.

첫 만남에
감전되는 사랑이 있다

눈 한번 맞춘 적 없었어도
이미 알아본 듯
붉은 살갗으로 울음을 터뜨린다
_「손주 태어난 날」 부분

인용시는 손주의 탄생과 그 첫 만남의 느낌을 감각적으로 형상화한 짧은 소품이다. 그러나 김정자 시인이 시적 사유를 통해 도달하려는 '사랑'의 궁극적 좌표를 선명히 제시한다는 점에서 중요한 의미를 띤다. 두루 알다시피 '연민'과 '사랑'은 서정시의 가장 근본적인 충동 중 하나이다. 시인은 '감전'이라는 구체적이고 생생한 감각으로 첫 만남의 충격을 유의미화 한다. 상식적으로는 갓 태어난 아이가 지친이라 하여 사람을 알아볼 리는 없지만, 시인은 "눈 한번 맞춘 적 없었어도/ 이미 알아"보고 반응하는 인간의 영성을 믿는다. 더욱이 혈연으로 면면히 이어지는 한 생명의 실체를 첫 대면 했을 때의 충격이란 '감전' 이상의 것이었으리라. 하나의 생명이 세상에 와서 처음 맞대면하는 일은 그저 하나의 생명이 탄생했다는 의미를 넘어서 있다.

시인이 사랑과 연민의 감각을 형상화하는 방법에는 여러 가지가 있을 것이다. 격정에 사로잡혀 감정 그 자체를 표출하기도 하고, 다른 사물로 빗대어 은유적으로 표현할 수도 있으며, 역사적 원근법에 투사하는 방식으로 그 근엄함이나 비장함을 드러내는 방법도 있을 수 있고, 관념 그 자체를 물질화하거나 심미화하는 방법이 있을 수 있으며, 사랑을 인간 존재의 보편적 원리로 파악하고 그 안에서 희망의 싹을 읽어내는 태도가 있을 수 있다. 이 중 김정자 시인이 선택한 방법은 사랑의 물질화 혹은 심미화의 방식을 견지하는 자세이다. 김정자 시인은 상투적일 만큼 소소하고 일상적인 생활 세계 속에서 '사랑'과 '연민'의 힘으로 그 일상성을 깨뜨리는 힘을 얻는다. 가령, 남편과의 생활에서도 "언뜻/ 거울에 비친/ 남편의 은빛 물결에/ 일렁이는 허상들"을 보며 시인은 짠한 마음에 이른다. 대상에서 느끼는 사랑과 연민이 아니면 감각할 수 없는 따뜻한 시선이 읽힌다. 거기에는 "눈빛만 봐도/ 울고 웃는"(「닮아간다」)지 알아챌 만큼 서로의 존재에 대한 깊은 이해와 연민의 마음이 짙게 깔려 있다. 시인의 사유는 거기서 한 걸음 더 나아가 그것이 곧 자신의 얼굴임을 깨닫는 데까지 이른다.

> 날이 저물어간다
> 줄곧 걸어와 닳은 구두 굽 사이로
> 늙은 등과 주름진 얼굴 보인다
>
> 바쁜 바람을 등에 지고 걸어왔던 발소리
> 그 발소리에 남편의 기분이 들어있다
>
> 다름을 인정하려고
> 얼마나 바둥거렸을까
>
> 재촉하던 미련들이 저만큼 남은 길에
> 인과를 지우며 함께 가고 있다
> _「지금은 두 사람」 전문

매일을 쳇바퀴처럼 반복하면서 평생을 함께 살아왔기에 어쩌면 타성에 젖어 마치 사물과도 같이 습관적으로 느껴질 수도 있는 일상적 존재가 바로 부부라는 동반자 관계일 것이다. 일상이란 단순히 반복되는 나날의 생활만을 뜻하는 것이 아니라 그러한 생활이 구축해가는 일정한 방식의 삶의 사회적 패턴과 연관되어 있다. 연륜으로 보아 시인은 그렇게 함께 늙어온 남편의 닳은 구두 굽 소리에서 늙은 등과 주름진 얼굴을 한없는 연민으로 읽어내는 섬세함을 보여준다. 젊은 시절부터 자식을 낳고 아웅다웅 애면글면 함께 동고동락하는 가운데 물결이 바위를 둥글게 깎듯 "재촉하던 미련"들이 깎이고 깎여 비로소 '함께'하는 진정한 동반자임을 깨닫는 연륜이 짙게 배어있다. 일상성에 균열을 내는 이러한 정서는 인간에 대한 깊은 사랑과 이해에 바탕을 두지 않으면 가능하지 않은 감정이며, 시인은 이를 통해 생성적 세계를 지향하는 시적 사유로 나아가게 된다. 즉 남편뿐만 아니라 자매들, 손자, 손녀 등과의 일상에서 더할 수 없는 생기의 시간들을 캐내는 작업이다. 손녀와 함께한 잠자리에서 "얼어붙은 달 그림자/ 한겨울에~ 부분에선 이중창"(「브로콜리 할머니」)을 부르거나 잠든 손주의 쌔근거리는 숨소리에서 "영원히 옮겨가는 다리 하나/ 손주와 나 사이에 놓았으면"(「손주와 나 사이」)하는 따스한 할머니의 일상에서 생기의 순간들을 만끽한다. 매일이 매일 같고, 그날이 그날 같은 권태로운 일상성 속에서 시인이 캐낸 '생기의 순간'들은 더 나아가 제주라는 고유한 장소를 살아가는 군상들에 대한 시편에서도 발견된다.

> 열 길 물속 바다에 뜬 섬처럼
> 가장 춥고 외로운 날
> 뭍으로 일어서는 바다 마을의 주인
> 제주 해녀여!
>
> 생과 사를 넘나드는 날렵한 존재로

키보다 무거운 등짐을 지고
해안도로 따라 바다를 옆구리에 끼고 간다

자식 많이 낳은 죄밖에 없는데
뇌선으로 배 채워도 눈 하나 꿈적 않고
은물결 출렁이듯 가슴에 와 박히는
애달픈 숨비소리
_「제주 해녀」 전문

위의 시에서는 제주 특유의 생활 세계가 잘 드러나 있다. 해녀는 삼다의 고장 제주의 상징이다. 예로부터 제주는 여성들이 생활 세계의 중심을 잡으며 삶을 꾸려온 것으로 알려져 있다. 제주의 생활사를 보면 해녀들은 늘 함께 물질을 나갔으며, 어머니가 딸에게, 선배가 후배에게 물질 방법이나 바다의 섭리를 알려 주며 해녀로서 지녀야 할 지혜를 전수한다고 한다. 섬이라는 한정되고 척박한 공간에서 살아가는 까닭에 망사리를 많이 채우지 못한 해녀에게는 자신의 수확물을 나눠 주고, 물질을 하여 얻은 수익은 마을 사람들과 함께 나누는 등 공동체적 유대가 매우 긴밀할 수밖에 없는 제주 여인들은 척박한 섬의 생활을 견디고 살아내는 명실공히 "바다 마을의 주인"이다. "생과 사를 넘나드는" 날렵하고 강인한 여성으로 표현된 제주 해녀의 삶이란 같은 여성이 보기에도 자랑스러울 만한 일이긴 하나, 그 안에 내포된 삶의 무거움과 한스러움도 그만큼 클 것이겠다. 시인은 이러한 제주 여성의 생명력을 탁월하게 감각적으로 형상화하면서도 그러한 강인함 이면의 삶의 질곡에 긍휼한 연민의 손을 내민다.

태어나고 자란 제주의 고유한 장소성에 대한 시인의 관심은 제주의 비극적인 역사적 사건을 대할 때도 따뜻한 연민의 시선을 감추지 않는다.

> 대답 없는 이름에
> 목이 쉰다
>
> 세월 채우는
> 단풍잎마다
> 숨어 우는 하늘
>
> 높고 파란 하늘에
> 불길 치솟듯
> 토해내고 토해내어도
> 아픈 숨결은 위선일 뿐
>
> 손가락 마디마다
> 낙엽이 묻어
> 시린 기억 사르느라
> 온 산이 타오른다
> _「천백고지의 가을」 전문

한국사의 비극적인 사건이었던 제주 4.3사건은 1947년 3월 1일부터 한라산 금족지역이 해제되는 1954년 9월 21일까지 미군정기에 발생해 대한민국 정부수립 이후에 이르는 7년여에 걸쳐 수만 명의 제주도 주민들이 희생당한 사건으로 한국 현대사에서 6·25 전쟁 다음으로 인명피해가 극심했던 사건으로 꼽힌다. 김대중 대통령 재임 시기인 2000년 〈제주 4.3사건 진상규명 및 희생자 명예회복에 관한 특별법〉이 제정되고, 진상조사위원회 활동 등을 통해 진상규명과 정부의 공식 사과, 희생자 보상 등이 이뤄졌지만, 노무현 대통령에 의해 정부의 공식적인 사과에 이르기까지는 55년이라는 긴 시간이 걸렸다. 보고서의 인명피해 규모는 추정치보다 확연히 적은데, 이는 행방불명자가 많은 데다 이명박-박근혜 정부 동안에는 희생자 결정을 위한 4.3 위원회가 단 한 차례만 열렸기 때문이었다. 비교적 최근인 문재인 정부에서도 2018년 한 해 동안 4.3 희생자와 유족 결정을 위한 추가 신고를 받기로 했을 정도로 〈제주 4.3 사건〉은 여전히 끝나지 않은 사건이다. 무엇보다도 참혹한 인명피해를 가져왔던 까닭에 제주도민이라면 누구나 그러한 트라우마에서 자유로울 수 없을 것이다.

이 시편은 어쩌면 일명 '초토화 작전'으로 불렸던 제주 양민 학살의 참상을 처절한 심정으로 다시금 고발하는 시편이기도 하다. 해안선으로부터 5km 이상 들어간 중산간지대를 통행하는 자는 폭도배로 간주해 마을 주민에 대한 '대량학살계획'을 채택하고 실행했던 국가에게 처절한 미학적 저항을 드러낸 시편이자 제주의 희생자들에게 바치는 위령추모시라 할 수 있을 것이다. "끌려나간 이장님은/ 소식이 없고/ 물질 떠난 아내는/ 돌아오지 않"는다. 그럼에도 해마다 제주의 가을은 무심히 돌아오고 지나간 상처와 돌아오지 않는 영혼들은 "산발치 마을의 전설로 피어나/ 마을 어귀마다/ 억새꽃 물결로 뒤덮"(「내고향 가을은」)인다. 그러므로 화자가 느끼는 제주의 가을은 '핏빛'이거나 하늘을 향해 손 흔드는 소복(素服)한 억새꽃의 흰 빛깔이다.

5.

시인은 '비일상적 체험'에서 자연과 사물과 세계의 은폐된 배후, 레알리타스(realitas)를 만나는 존재다. 시인의 '비상한 체험'이란 반복성과 순환성을 특징으로 하는 일상성을 벗어난 상태를 체험하는 것이다. 예술, 그중에서도 시(詩)와 철학이야말로 존재의 진리가 일어나는 장이라고 말한 하이데거는 현존재가 매일 머무는 일상성을 날카롭게 분석했다. 그에 의하면 일상성은 실존의 양식이다. 흔히 우리는 자신의 삶을 주체적으로 영위한다고 생각하지만, 대부분의 경우 사회적으로 승인된 사고방식과 생활방식에 따라 살고 있을 뿐이라는 것이다. 하이데거는 이러한 삶의 방식을 비본래적인 실존이라고 규정한다.

인간의 삶은 퓌시스적 존재의 흐름으로서의 대지에 언제나 귀속해 있으면서, 동시에 인간 연관적 존재의 흐름으로서의 세계 내에 있다. 삶의 유형이 어떠한 것이든 인간의 모든 사유와 행위는 그 근원에서 고향에 거주하고자 하는 내적인 충동을 갖는다. '고향'의 사전적 의미는 '태어나 자라난 곳 혹은 늘 마음으로 그리워하거나 정답게 느끼는 곳'이다. '고향'은 역사와 지리, 그리고 언어, 시간과 공간, 이동 등 다양한 거점을 통해 과거와 현재를 연결하고 미래로 향하는 시간적 일체성을 형성하며, 공통의 언어와 습관과 공간적 일체감을 양성한다. 자신이 나고 자란 곳뿐만 아니라 인간의 사상, 감정, 도덕, 풍속 분위기 등을 이루는 정신적 고향의 세계, 그리고 형이상학적인 '원시 고향' 역시도

"존재 자체의 근저"로서 고향이라 할 수 있다. 이런 맥락에서 현대를 살아가는 모든 이들은 실향자이자 귀향자이다. 심리학자들에 의하면, 고향으로부터 떠나와 돌아가지 못하는 고통인 '향수'는 인간의 상상 속에 늘 존재하는 보편적이며 편재적인 감정이다.

김정자 시인의 이번 시집의 시편들은 그러한 '고향'을 향해 끝나지 않을 회귀곡선을 긋는 중이다. 그는 실존의 양식인 일상의 삶에 균열을 내고 섬세하게 들여다보며 '생활의 구체에 깊이 뿌리내린' 낯섦을 예민하게 감각하고 형상화한다. 그의 서정은 여리고 섬세해 보이지만 충일하고도 격렬한 교차과정이 읽힌다. 그는 이러한 작업을 통해 '그것'으로서 드러난 하나의 삶의 절편을 잡아 전체 삶이 거느린 리얼리티를 만나며, 자신의 일상의 상투성과 개인적 자아의 협소한 반경을 벗어나 사회적 역사적 문화적 집단의 저류와 만나고 섞이면서 자신의 지평을 넓혀 나간다. 시인이든 독자든 근원의 자리에서 만나게 하면서 심미적 체험으로 이끄는 것, 다시 한번 삶을 되돌아보게 하고 한층 더 넓은 지평에서 감각케 하는 것, 그것이 바로 시가 쓰이는 이유이자 시의 위의라 할 수 있을 것이다. 잔잔하고 낮은 목소리로 서정의 세계를 펼치는 김정자 시인의 섬세한 작업에 박수를 보낸다.